LIGUE INTERNATIONALE DE LA PAIX ET DE LA LIBERTÉ

RAPPORT

PRÉSENTÉ

AU CONGRÈS TENU A LAUSANNE

LE 14 SEPTEMBRE 1869

PAR

CH. LEMONNIER

SUR CETTE QUESTION

DÉTERMINER LES BASES

D'UNE ORGANISATION FÉDÉRALE DE L'EUROPE

Se vend 40 cent, au profit de la Ligue.

PARIS

A LA LIBRAIRIE DES SCIENCES SOCIALES

RUE DES SAINTS-PÈRES, 13

1869

LIGUE INTERNATIONALE DE LA PAIX ET DE LA LIBERTÉ

RAPPORT

PRÉSENTÉ

AU CONGRÈS TENU A LAUSANNE

LE 14 SEPTEMBRE 1869

PAR

CH. LEMONNIER

SUR CETTE QUESTION

DÉTERMINER LES BASES

D'UNE ORGANISATION FÉDÉRALE DE L'EUROPE

Se vend 40 cent. au profit de la Ligue.

PARIS

A LA LIBRAIRIE DES SCIENCES SOCIALES

RUE DES SAINTS-PÈRES, 13

1869

Citoyennes et Citoyens,

Lorsque, il y a deux ans, sous la présidence de Garibaldi, vous avez, à Genève, créé la *Ligue internationale de la paix et de la liberté*, votre première parole fut pour déclarer l'impuissance des gouvernements à fonder la paix. Les événements ont depuis deux ans pleinement justifié cette sentence. L'Europe n'est pas en paix; l'Europe est en trève; l'Europe vit dans une guerre sourde ; les peuples sont encore, à l'égard les uns des autres, à l'état de barbarie : aucun droit entre eux, sinon le droit de la force, le droit de la ruse; pardonnez-moi d'associer ces mots qui hurlent de se trouver ensemble : Droit et ruse; droit et force !

L'Europe présente donc cette contradiction de

nations qui veulent la paix, qui aspirent à la paix, qui détestent la guerre, et qui pourtant chaque année tiennent CINQ MILLIONS D'HOMMES sous les armes, et jettent dans le gouffre de la guerre CINQ MILLIARDS DE FRANCS. Pourquoi et comment cette énorme contradiction? L'histoire, et, je l'espère, l'histoire prochaine aura certainement peine à se l'expliquer, et cependant si l'on jette un regard plus attentif sur la situation intérieure du monde européen, on découvre vite la raison de cette aberration monstrueuse.

L'Europe est dans cet état de guerre latente par cette raison qu'il n'y a pas encore pour elle de droit international; car, je vous prie, n'appelons pas droit international les alliances, les traités, les protocoles, les échanges de notes diplomatiques. Il est de tradition, il est de vérité historique que les traités valent, tout juste, le temps pendant lequel le plus faible est obligé de les observer, et que, en politique, les paroles n'engagent pas. Voilà la règle sous l'empire de laquelle l'Europe a vécu et vit encore. Les gouvernements ne se croient pas engagés par les paroles qu'ils échangent, et les peuples ne sont pas admis à échanger eux-mêmes leurs paroles. (*Applaudissements.*)

L'année passée, une discussion a éclaté entre la Grèce et la Turquie. Qu'est-il arrivé? On a vu comme une lutte des anciens et des nouveaux principes; on n'a pas fait la guerre, on n'a pas mis d'hommes sous les armes, on n'a pas frappé les peuples d'impôts nouveaux; on a convoqué à Paris un congrès européen; et la Grèce a été sommée de comparaître devant ce congrès, au nom d'un prétendu droit international. Mais quand elle a vu la Turquie sur le siége, juge et partie, la Grèce a refusé de comparaître, et alors, ce qui ne s'était pas encore vu dans l'histoire des peuples, elle a répondu par une note signée de son ministre plénipotentiaire :

« Je suis le plus faible; j'ai le droit pour moi; je n'accepte pas une sentence qui est une iniquité; je cède et je courbe le front; mais je me redresserai aussitôt que je le pourrai. » (*Bravo!*)

Un coup d'œil jeté sur ce qui se passe dans la sphère du droit civil rendra plus visible, par la comparaison, la barbarie des rapports internationaux. Il y a quelques années, il fallait un passeport pour franchir les frontières; on n'était protégé chez les étrangers que par le consul; aujourd'hui les passeports sont abolis de fait; nous venons en Suisse, en Angleterre, en Belgique, en Italie; nous pouvons parcourir l'Europe d'un bout à l'autre sans avoir d'autres compagnons de

voyage qu'un parapluie et une lorgnette ; les ré-
volvers et les poignards ne sont plus de mise dans
nos voyages d'Europe. Pourquoi? C'est en partie,
sans doute, parce que nos mœurs se sont adou-
cies, mais c'est aussi parce que en tous pays
d'Europe nous trouvons, quelle que soit notre na-
tionalité, à peu près les mêmes lois protectrices,
des tribunaux à peu près les mêmes, et pour
appuyer les décisions rendues par ces tribunaux,
une force publique si énergique que les malfai-
teurs ne songent pas même à y résister.

Mais entre eux les peuples sont encore dans
un état de défense, de méfiance et d'hostilité,
aussi motivé que celui où se trouvaient les simples citoyens il y a quelques centaines d'années.
Je ne crois faire aucun tort à M. de Bismark, par
exemple, en supposant qu'il a la main toute éten-
due pour prendre l'Alsace et la Lorraine, et je ne
crois pas calomnier l'empereur des Français en
supposant qu'il allongerait volontiers la sienne
pour annexer à la France la Belgique et les pro-
vinces rhénanes. Est-ce que c'est là une situation
normale ? N'est-ce pas là un vrai brigandage ? Or,
encore une fois, la raison de cette situation, c'est
que les peuples n'ont pas encore échangé les
garanties juridiques que les citoyens de chaque nation se sont données, et sans lesquelles il

ne peut y avoir de paix. C'est une vérité qu'il faut proclamer, et c'est la pensée même qui anime cette Ligue. Non, il n'y aura pas de paix en Europe, comme le disait tout à l'heure si éloquemment le grand irréconciliable que vous venez d'entendre, tant qu'il n'y aura pas de liberté. Les peuples n'auront la paix que lorsqu'ils se seront donné une bonne organisation politique. La paix doit être le fruit de la liberté, et non pas la liberté le fruit de la paix.

C'est donc à la création d'une institution juridique internationale, à la création d'un tribunal européen que la raison conduit directement.

Mais quelle est la loi que ce tribunal pourra appliquer, et quelle sera la sanction de cette loi?

Pour que cette loi soit légitime, il faut qu'elle soit faite par les peuples eux-mêmes, et pour que les arrêts rendus conformément à cette loi ne soient pas un vain son, il faut que leur exécution soit sanctionnée par une force coercitive. Mais qui instituera cette force? qui la règlera? qui la conduira? Il est évident que cette force ne doit être dans la main d'aucun gouvernement particulier, elle ne doit servir que l'intérêt collectif, elle ne doit obéir qu'à une autorité émanée de tous.

L'ensemble de ces trois choses : une loi votée par les citoyens qui devront lui obéir; un tribunal électif et indépendant, chargé d'appliquer cette loi ; une autorité chargée d'assurer l'exécution des décisions rendues conformément à cette loi, cela s'appelle un gouvernement. Le seul moyen de constituer la paix, c'est donc, encore une fois, de créer un gouvernement européen, une organisation politique européenne.

Quelle sera la forme de ce gouvernement? Sur ce point, je pense que nous serons facilement d'accord, et que ma parole ira au devant de votre pensée; la seule forme de gouvernement possible pour l'Europe est la forme républicaine et fédérative.

Pourquoi une république? et pourquoi une république fédérative? pour une raison très-simple! parce que le gouvernement républicain est celui qui est le plus exactement conforme au droit et à la justice, parce que le gouvernement républicain est la seule forme politique qui soit adéquate à la loi morale qui régit toute conscience humaine.

Il y a, Messieurs, trois grands principes sur lesquels se fonde la République.

En premier lieu, tout citoyen doit avoir fait ou consenti la loi à laquelle il obéit, c'est le principe de *Liberté*.

En second lieu, au moment où chacun obéit à la loi, il doit avoir la certitude que tout autre citoyen y obéit comme lui : point de privilége d'aucune espèce, ni de naissance, ni d'aucune autre sorte ; c'est le principe d'*Egalité*.

Il est enfin un troisième principe, qui embrasse, relie et fortifie les deux premiers : nulle part, dans la République, l'homme ne doit être un *moyen* pour l'homme ; tout homme doit être une *fin* ; ce qui revient à dire, dans un langage moins philosophique, que l'exploitation de l'homme sous toutes ses formes doit disparaître. (*Applaudissements.*)

Pourquoi ce gouvernement, qui doit être républicain, doit-il de plus être fédératif ? parce que cette forme de gouvernement est la seule qui réponde aux besoins de l'Europe ; parce qu'elle est la seule qui consacre et garantisse la liberté. Je voudrais bien, Messieurs, essayer de jeter ici quelque lumière sur cette idée de fédéralisme qui devient à la mode, et qui a grand besoin, je crois, d'être étudiée et définie. Le fédéralisme ne consiste pas seulement dans un certain morcellement du territoire, le fédéralisme n'est pas la rupture brutale de toute centralisation, et l'éparpillement arbitraire des peuples, des individus ; il ne faut pas confondre la théorie fédéraliste avec cette fausse et dangereuse théorie des nationalités, instrument si commode et si souple dans les mains des Césars ; le principe du fédéralisme est le principe même de la morale : le droit fédératif, c'est le droit humain substitué au droit divin, c'est le règne de la conscience, c'est le triomphe lent, patient, mais invincible, de la personnalité humaine ; c'est l'autonomie de l'individu, l'autonomie des nations, l'autonomie des citoyens, l'autonomie de quiconque, suivant l'admirable expression de Jacoby, « a face humaine » ; tel est, dans son expression la plus élevée, le principe du fédéralisme. (*Applaudissements.*)

Voilà comment il me paraît que l'idée républicaine creusée dans ses profondeurs, prise à sa source, se confond avec l'idée fédéraliste ; voilà comment en essayant de dire devant vous, et avec vous, car il me semble que je n'ai pas à faire de grands efforts pour vous convaincre, comment et pourquoi la forme républicaine est la seule qui puisse désormais convenir à l'Europe, j'ai dit en même temps pourquoi cette république doit être fédérative.

Oui certes, les peuples d'Europe sont mûrs pour l'association ! ils se tendent déjà leurs mains fraternelles ; mais s'ils veulent s'associer, ils ne veulent pas se confondre. Chaque nation entend garder son autonomie, son indépendance, sa souveraineté. Les peuples mettront en commun certains droits, ils résigneront, par exemple, au profit de la Fédération *le Droit de paix et de guerre*, mais aucun d'eux n'entend perdre ni ses mœurs, ni son caractère, ni ses allures; chacun sera vis-à-vis des autres ce que les Cantons suisses, ce que les États américains sont, vis-à-vis de la Confédération suisse, ou de la Confédération américaine.

Citoyens, nous n'avons point la folle prétention de tracer ici la charte des États-Unis d'Europe, mais nous avons cru devoir vous inviter à jeter un coup d'œil rapide sur les conditions les plus générales que doit réunir un tel gouvernement.

Avant tout quels droits la Fédération européenne garantira-t-elle à chacun des peuples qui la composeront? Nous les avons énumérés dans le programme qui vous a été distribué avant la séance; en voici le tableau :

    1° La souveraineté et l'autonomie ;

    2° La liberté individuelle ;

    3° La liberté de suffrage ;

    4° La liberté de la presse ;

    5° La liberté de réunion et d'association ;

    6° La liberté de conscience ;

    7° La liberté de travail sans exploitation ;

    8° La responsabilité effective et individuelle de tous les fonctionnaires de l'ordre exécutif.

Supposons maintenant que la fédération européenne se soit déjà formée, que deux, trois ou quatre peuples se soient unis par le pacte fédératif dont nous venons d'esquisser les conditions générales ; supposons que le gouvernement fédéral européen soit installé et fonctionne : un premier résultat saute aux yeux, en quelque sorte : c'est la suppression totale ou presque totale, pour chaque peuple confédéré, du budget de la guerre. Il y avait tout-à-l'heure quatre peuples opposés d'intérêts qui ne pouvaient se fier les uns aux autres, qui étaient obligés de se tenir en état perpétuel de défense ; c'était à qui aurait le plus de chassepots, le plus de mitrailleuses et les plus meurtrières, le plus de navires cuirassés ; la fédération établie, qu'arrive-t-il ? Sur quatre armées trois au moins seront inutiles ; si la fédération elle-même ne peut encore désarmer, si elle doit se tenir en défense vis-à-vis des peuples qui demeurent asservis aux anciens gouvernements, du moins la paix est-elle certaine et la sécurité entière entre les peuples confédérés. Ajoutez que l'armée fédérale n'est point une armée permanente, instrument ruineux et aveugle du caprice d'un homme ; l'armée fédérale européenne est, comme l'armée suisse, une milice nationale ; les cantons de l'Europe sont les peuples actuels, et la NATION, c'est la grande et jeune nation européenne. Voilà donc du même coup supprimé, ou peu s'en faut, le budget de la guerre et l'immoralité des armées permanentes.

Il est un autre côté par lequel la formation d'une fédération européenne touche directement aux intérêts les plus chers des peuples ; c'est le côté qui regarde les questions sociales.

On vous disait tout à l'heure que cette Ligue n'est ni bourgeoise ni ouvrière, mais qu'elle veut fermement et résolument la disparition de toute exploitation de l'homme par l'homme ; on vous disait vrai ! Appelez cette ferme volonté, économisme ou socialisme, le nom nous importe peu ; mais ce que nous voulons, c'est la fin de l'antagonisme sous toutes les formes, et le plein avénement de la justice et du droit.

Certes, je ne dis pas que l'établissement d'une république fédérative européenne doive résoudre tous les problèmes sociaux, mais je dis qu'il n'y a pas de solution possible aux questions sociales sans le secours et l'appui d'une organisation politique ; il viendra un jour, peu éloigné, je l'espère, où l'Internationale qui vient de siéger à Bâle, qui a devant elle un si grand avenir, qui est un germe si précieux et si fécond de la rénovation européenne, mettra, permettez-moi la vulgarité de l'expression, un peu d'eau dans son vin, et acceptera la main que nous sommes toujours prêts à lui tendre. Alors elle reconnaîtra qu'une bonne organisation politique, une organisation républicaine et fédérative des peuples est indispensable au succès de l'œuvre qu'elle poursuit, et alors, Citoyens, la révolution sera faite. (*Applaudissements.*)

Une voix : L'Internationale a dit cela.

Le citoyen Ch. Lemonnier : Si elle l'a dit j'en suis fort aise pour elle, pour nous, et pour tous ! tant mieux si l'Internationale a dit cela ; il vaut mieux être deux que seul, et il vaut mieux encore être mille et dix mille à répéter cette grande vérité.

Je disais, Citoyens, que la Fédération une fois établie, ne le fût-elle d'abord qu'entre trois ou quatre peuples, la sphère de la justice économique pratique se trouvera immédiatement élargie. Ainsi, par exemple, une conséquence directe des principes posés tout à l'heure, c'est évidemment, toute violence à part, bien entendu, la plus grande liberté possible des coalitions et des grèves. Croyez-vous donc que les sociétés de travailleurs qui cherchent avec raison dans l'union ostensible de leurs intérêts un remède nécessaire contre la coalition des intérêts opposés ; croyez-vous donc que l'Internationale poursuivie à Paris, traînée et condamnée en cour d'assises, ne trouveraient pas une grande force dans une organisation politique et sociale qui embrasserait le tiers ou la moitié du continent européen? qui mettrait en rapport ouvertement, légalement, pacifiquement, à ciel ouvert, les travailleurs de tout ordre, aussi bien les chefs de manufactures et d'ateliers que les simples ouvriers? Croyez-vous qu'une telle liberté ne mûrirait point rapidement la question sociale? Et les 200,000,000 d'hommes et de femmes qui labourent la terre, qui sèment, qui moissonnent, et qui n'ont rien dit encore de la question, croyez-vous qu'ils ne prendront pas la parole à leur tour? Eh bien ! est-il indifférent qu'ils puissent se lever sur une terre libre et parler pacifiquement et franchement dans la vaste enceinte de cet immense atelier? Croyez-vous qu'il soit sans intérêt pour ces millions de citoyens de pouvoir s'entendre librement, sans aucun obstacle de police, de douane, ni de traités de commerce, et comme formant un seul corps de république, avec tous les autres travailleurs de l'Europe?

Citoyens, ces deux grands résultats : la paix politique, la paix sociale, sont les plus grands, mais ne sont point les seuls biens que les peuples doivent recueillir de l'institution d'une fédération européenne. Il faut compter pour quelque chose la diffusion rapide des lumières, la circulation libre de tout sentiment et de toute idée ; il faut compter aussi l'extinction des haines, l'esprit de fraternité européenne dont nous goûtons ici les prémices, et qui fait le grand charme de ces réunions annuelles où nous venons de tous les points de l'Europe pour entrer en communion de volontés et de pensées ; il faut que cette joie, qui est encore le rare privilége du petit nombre de penseurs qui suivent nos réunions, devienne le patrimoine de tous.

Nous avons fait l'hypothèse de trois ou quatre nations, rassemblées les premières pour former le noyau de la fédération ; vous voyez, sans que je le dise, que les bienfaits de cette alliance se multiplieront et s'étendront à mesure que la fédération étendra elle-même son rayonnement.

Voyons maintenant à quelles conditions il est possible de concevoir que les peuples puissent former entre eux cette union solide, profonde, dont nous faisons la supposition.

De quoi s'agit-il ? il s'agit d'un contrat ; il s'agit d'une alliance dans laquelle l'honneur est engagé : la première condition d'une fédération ce sera donc que le peuple qui veut y entrer soit majeur, maître de lui-même, capable de tenir la promesse qu'il va faire et recevoir. Eh bien ! je dis qu'un peuple n'est pas majeur s'il n'a point le libre et plein exercice du suffrage universel ; je dis qu'un peuple dont tous les membres ne disposent point chacun pour sa part, de la chose publique, n'est point capable de former alliance, et j'ajoute qu'à traiter avec un tel peuple il n'y aurait nulle sécurité.

Supposez un peuple dans l'état politique qui était celui de la France avant 1848, où le droit électoral appartenait à deux cent mille privilégiés; voudriez-vous passer avec deux cent mille privilégiés un traité qui touche aux intérêts les plus intimes de toute la nation? Que serait-il advenu d'un tel traité en 1848? Est-ce que les dix millions de citoyens auxquels le suffrage universel a rendu l'exercice de leurs droits se seraient crus engagés par les décisions qu'auraient prises à leur insu, tout au moins sans leur consentement, deux cent mille censitaires?

Ainsi donc, avant tout, Citoyens, l'exercice plein, entier, universel du droit de suffrage. Ce n'est pas assez, il faut de plus le droit de consentir et de refuser l'impôt! Un peuple qui ne tient pas dans ses mains les cordons de sa bourse, qui ne règle pas lui-même ses recettes et ses dépenses, n'est pas majeur; on ne fait pas de contrat avec un tel peuple.

Sera-ce tout? Non pas, certes! L'objet principal du contrat fédératif, c'est précisément l'extinction de la guerre et la création de la paix, de la vraie paix, de la paix perpétuelle, de la paix éternelle. Il faut donc que chacun des peuples engagés dans la fédération renonce à posséder une armée à lui, une flotte à lui ; il faut qu'il renonce *au Droit de faire la guerre.* La fédération fondée, si la guerre, guerre défensive, devient encore nécessaire, cette guerre sera fédérale et non plus nationale. Ce ne serait ni le gouvernement français, ni le gouvernement anglais, ni le gouvernement suisse qui ferait cette guerre, ce seraient les États-Unis d'Europe ! Il faut donc que le peuple qui veut se fédérer puisse résigner entre les mains de la fédération le *Droit de paix et de guerre,* et pour qu'il puisse résigner ce droit, il faut qu'il le possède.

Il en sera de même, Citoyens, vous le dites avant moi, du droit de conclure et de ratifier les alliances politiques et les traités de commerce ; ce droit doit devenir fédéral ; il faut donc que chaque nation, pour être admise dans la fédération, apporte et résigne ce droit ; c'est une partie de sa dot. Quelle est d'ailleurs la capacité politique d'un peuple qui ne fait pas lui-même ses alliances politiques et commerciales ? N'est-il pas en pleine minorité ? Encore une condition ; la constitution particulière de chaque nation membre de la fédération doive être perfectible, cela va de soi; il faut toujours une porte ouverte sur l'avenir; mais la clef de cette porte nul peuple ne doit s'en dessaisir s'il veut demeurer maître de sa destinée, et voilà pourquoi nous demandons non-seulement que chaque peuple ait une constitution perfectible, mais qu'il ait le droit de la perfectionner lui-même.

Telles sont, Citoyens, les cinq conditions essentielles auxquelles doit satisfaire, suivant nous, tout peuple qui voudra devenir membre des États-Unis d'Europe.

Vous vous demandez sans doute combien de nations, à l'heure qu'il est, réunissent ces conditions? Nous avons eu la même curiosité, et voici le résultat de notre examen : sur dix-huit peuples ou groupes de peuples européens dont M. Laferrière a publié les Constitutions, il y en a cinq qui jouissent du suffrage universel, six qui ont le droit de conclure et de ratifier les traités de commerce, et combien, Messieurs, qui aient le droit de paix et de guerre? un seul : le peuple suisse !

Nous sommes donc encore dans l'utopie, Citoyens, et par notre propre aveu nous reconnaissons que, à cette heure où nous sommes, la fédération européenne, telle que nous la concevons, n'est point encore praticable, puisque un seul peuple en Europe réunit les conditions sans lesquelles une nation ne peut passer avec d'autres le contrat fédératif ! Oui, Messieurs, nous sommes encore dans l'utopie ; mais il est dans la vie des peuples une minute où l'utopie prend corps et se condense en réalité. Nous croyons qu'en ce qui touche la formation des États-Unis d'Europe nous sommes à cette heure solennelle. Hier nous garantit demain.

L'an passé, à pareille époque, qui eût dit que l'Espagne s'élancerait d'un seul bond quasi jusqu'au sommet de l'échelle ?

L'an passé pourtant Castelar, escorté de nos vœux, quittait notre congrès de Berne pour porter au parti républicain espagnol le secours puissant de sa parole et de sa pensée. Combien faudra-t-il encore à l'Espagne d'années, de mois, de semaines pour se placer en tête des nations d'Europe et conquérir le droit de s'asseoir à côté de la Suisse ? qui le sait (1) ? Et notre chère France, Citoyens, combien lui faudra-t-il d'élans pareils à celui qu'elle vient de fournir pour se trouver, elle aussi, rayonnante et rajeunie à l'extrémité de

(1) Ce discours était prononcé le 14 septembre. Nous en corrigeons les épreuves le 20 octobre ; bien des choses se sont passées entre ces deux dates ; de bien tristes choses ! Pourtant, nous ne changerons rien dans nos paroles, parce que rien n'est changé dans nos espérances.

Ch. L.

cette arène sur laquelle les peuples sont émules de paix et rivaux de liberté?

Et l'Italie! croyez-vous qu'elle s'endorme sur des roses? Et les nations d'Allemagne? croyez-vous qu'elles soient assises et satisfaites?

Personne n'a le secret du jour de demain, mais l'espérance nous est permise. L'avenir appartient à ceux qui le font, et la trame de l'histoire est tissue de volontés humaines.

Et nous, Citoyennes et Citoyens, nous serons-nous assemblés en ce pays d'hospitalière liberté seulement pour faire un vain échange de paroles et d'espérances? Ne vous semble-t-il point que nous ayons tous un double devoir à remplir? Membres de ce congrès, nous devons répandre, propager les grandes vérités politiques et sociales que nous allons affirmer ensemble; citoyens de la nation à laquelle chacun de nous appartient, nous avons une tâche plus nettement tracée : nous avons à rédiger le bilan politique et social de cette nation, nous avons à dresser la liste des droits qui nous manquent, des conquêtes qui nous restent à faire pour devenir capables et dignes d'obtenir la paix, la paix par la liberté! Simples citoyens, électeurs, éligibles, élus, Européens de tout âge, de tout sexe, de toute classe, nous avons un devoir universel et incessant, c'est d'avancer par tous les moyens qui sont à notre disposition, par la parole, par la presse, **par la propagande publique ou intime**, par les dons et par les contributions volontaires, le jour où les étoiles des États-Unis d'Europe flotteront librement à côté des étoiles des États-Unis d'Amérique. (*Applaudissements prolongés.*)

RÉSOLUTIONS ADOPTÉES PAR LE CONGRÈS

DANS LA SÉANCE DU 14 SEPTEMBRE 1869.

Considérant :

Que la cause fondamentale et permanente de l'état de guerre dans lequel se perpétue l'Europe est l'absence de toute institution juridique internationale ;

Que la première condition pour qu'un tribunal international remplace par des décisions juridiques les solutions que la guerre et la diplomatie demandent vainement à la force et à la ruse, c'est que ce tribunal soit librement et directement élu et institué par la volonté des peuples, et qu'il ait pour règle de ses décisions des lois internationales librement votées par les mêmes peuples ;

Considérant que quelle que soit l'autorité morale d'un tribunal, l'exécution de ses décisions pour être effective doit être sanctionnée par une force coercitive ;

Considérant qu'une telle force ne peut exister légitimement qu'autant qu'elle serait instituée, réglée et conduite par la volonté directe des peuples ;

Considérant que l'ensemble de ces trois institutions : une loi internationale ; un tribunal qui applique cette loi ; un pouvoir qui assure l'exécution des décisions de ce tribunal, constitue un Gouvernement ;

Le Congrès déclare :

1° Que le seul moyen de fonder la Paix en Europe est la formation d'une Fédération de peuples sous le nom des : *États-Unis d'Europe* ;

2° Que le gouvernement de cette Union doit être républicain et fédératif, c'est-à-dire reposer sur le principe de la souveraineté du peuple, et respecter l'autonomie et l'indépendance de chacun des membres de la fédération ;

3° Que la constitution de ce gouvernement doit être perfectible ;

4° Que la Fédération européenne doit garantir à chacun des peuples qui la composeront :

a) La souveraineté et l'autonomie ;

b) La liberté individuelle ;

c) La liberté de suffrage ;

d) La liberté de la presse ;

e) La liberté de réunion et d'association ;

f) La liberté de conscience ;

g) La liberté de travail sans exploitation ;

h) La responsabilité effective et individuelle de tous les fonctionnaires de l'ordre exécutif;

(1) *i)* La nomination par le peuple des magistrats de l'ordre judiciaire ;

5° Qu'aucun peuple ne pourra entrer dans la Confédération européenne s'il n'a déjà le plein exercice:

a) Du suffrage universel ;

b) Du droit de consentir et de refuser l'impôt ;

c) Du droit de paix et de guerre ;

d) Du droit de conclure et de ratifier les alliances politiques et les traités de commerce ;

e) Du droit de perfectionner lui-même sa constitution.

(1) Amendement de M. Louis Mie.

Paris. — Imprimerie de Cusset et Cⁱᵉ, 20, rue Racine.

PUBLICATIONS DE LA LIGUE

Annales du Congrès de Genève, 1 vol. in-8. . . . 5 fr » c.

La Vérité sur le Congrès de Genève, par Ch. Le-
monnier, in-8. . . . . » 75

Bulletin du Congrès de Lausanne, 1 vol. in-8. . . 3 »

LIBRAIRIE DES SCIENCES SOCIALES

RUE DES SAINTS-PÈRES, 13.

Saint-Simon. Œuvres choisies, précédées d'une préface
par Ch. Lemonnier, 3 vol. in-18. . . . . 10 fr. » c.

Ch Fourier. Œuvres complètes, 6 vol. in-8. . . . . . . 28 »

Victor Considérant. Destinée sociale, 3 vol. in-8. . . 10 »

Ch. Pellarin Dr. Essai critique sur la Philosophie posi-
tive, 1 vol. gr. in-8. . . . . 5 »

— Souvenirs anecdotiques, 1 vol. gr. in-8. . . . . 3 50

Hippolyte Renaud. Solidarité, 5ᵉ édition, 1 vol in-18. 1 »

— Destinée de l'homme dans les deux mondes, 1 vol.
in-18 . . . . 2 »

— Raison et Préjugés, 1 vol. in-18. . . . . 2 »

Le Dr F. Barrier. Principes de sociologie, 2 vol.
in-8 . . . . 12 »

— *Sous presse*, Catéchisme du socialisme, 1 vol. in-18. .

Mathieu Briancourt. Organisation du travail, 1 vol.
in-32. . . . . » 40

— Lettre à mon Frère sur mes Croyances religieuses et
sociales, fort vol. in-18. 2 50

E. Nus. Les Grands Mystères, 1 vol. in-8, *rare*. 5 50

E. Barat. L'Association, son emploi rationnel, 1 vol. in-18. 1 50

Paris. — Imprimerie de Cusset et Cᵉ, rue Racine, 26.